AUTO IDIÓTICO DEL SABIO FILÓSOFO Y LA MUERTE

La Fea Burguesía

POESÍA

Murcia
2025

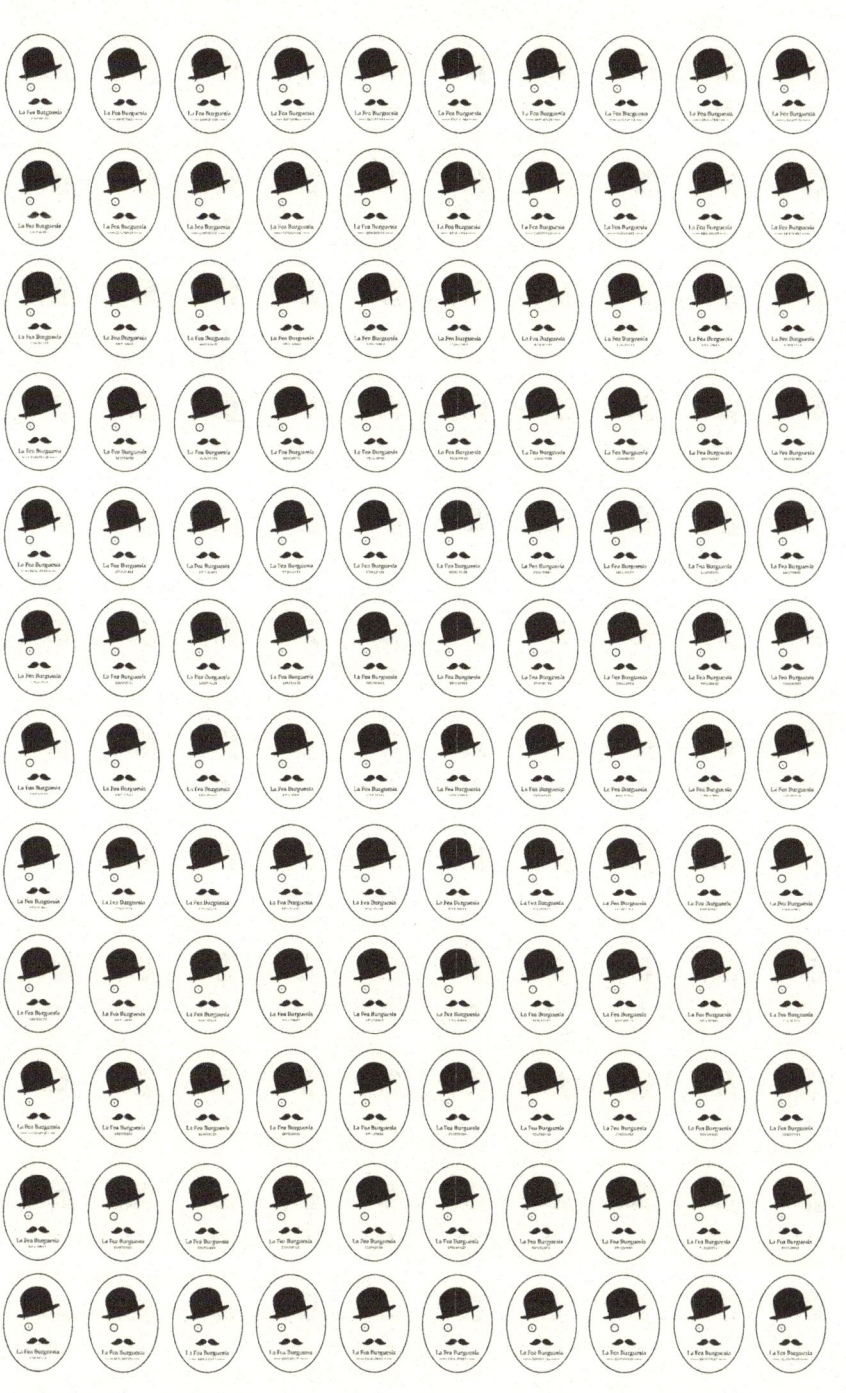

AUTO IDIÓTICO DEL SABIO FILÓSOFO Y LA MUERTE

PASCUAL ANGOSTO
BLEDA

La editorial es consciente de la necesidad
de los recursos naturales para consumir cultura
y de la colaboración en la conservación del medio ambiente.
Así pues, por la impresión de este libro, ha plantado
una ciprés (*Cupressus*) en el paraje
de El Horno en Cieza (Murcia)

«Auto idiótico del Sabio Filósofo y la Muerte»
© Pascual Angosto Bleda, 2025
© La Fea Burguesía Ediciones, 2025
Grupo Editorial Tres y Libros, SL
Murcia, España.
www.lafeaburguesia.es

Cubierta: Cristina Morano
Maquetación: Fernando Fernández Villa

Primera edición: noviembre de 2025
IBIC: DCF
ISBN: 979 13 990769 5 0
Depósito legal: MU 1833-2025

Printed in Spain - Impreso en España

A Sergio Belmonte Hernández, amigo

Después de tantos ratos mal gastados,
tantas obscuras noches mal dormidas;
después de tantas quejas repetidas,
tantos suspiros tristes derramados;

después de tantos gustos mal logrados
y tantas Justas penas merecidas;
después de tantas lágrimas perdidas
y tantos pasos sin concierto dados,

sólo se queda entre las manos mías
de un engaño tan vil conocimiento,
acompañado de esperanzas frías.

Y vengo a conocer que en el contento
del mundo, compra el Alma en tales días,
con gran trabajo, su arrepentimiento.

Francisco de Quevedo y Villegas

NOTA DEL AUTOR

La siguiente pieza es un auto sacramental desacralizado que no ha sido concebida para ser representada sobre unas tablas. La temática de esta pequeña obra de teatro en un solo acto es la muerte. La muerte ha sido monopolizada durante años por la religión, pero ha existido desde antes de esta y sobrevivirá a ella hasta que el universo deje de ser universo. Inevitable compañera de viaje durante nuestro trayecto vital, solo nos queda acostumbrarnos a ella con resignación. Algunos la reniegan, otros la abrazan, yo le escribo un drama satírico para reírme con ella. Nunca tendré la última risa, pero eso no impide que me ría mientras tanto, porque ya se reirá ella de mí cuando me toque.

Personajes:

Sabio Filósofo
Muerte
Coro de esqueletos

*(Una habitación con estanterías repletas de libros;
en un rincón, junto a la ventana, una gran mesa
de escritorio llena de papeles desperdigados; frente
a ella, sentado, un anciano con barba prominente
vestido con una túnica blanca)*

SABIO FILÓSOFO

Años y años de estudio
lejos del mundanal ruido
hasta dominar mi medio
como el gran sabio que he sido;
después de tanta paciencia
he conquistado mi ciencia
tras muchas noches en vela
velando por los saberes
como Argos, el centinela;
huyendo de los placeres
tan vanos y terrenales,
fuente de todos los males
subyugadores del alma
humana, ganándome así
los honores de la palma
por delante del frenesí
impostado de poetas,
tahúres, falsos profetas,

religiosos, científicos
y, lo peor, literatos,
—mentirosos magníficos,
falseadores del pathos—.
¡Qué gran favor hizo Platón
al expulsar sin compasión
a estos de su República!
Los poetas y escritores
no buscan verdad única,
ya que ellos son urdidores
de ficciones y su campo
es la pérdida de tiempo.
Nosotros filosofamos
sobre cosas importantes;
al conocimiento amamos
más que a nuestros semejantes,
mas todo es un sacrificio
por ellos, porque el oficio
del sabio es camino duro,
enfangado y pedregoso
todo en uno, aunque el perjuro
me tache de perezoso.
No habrá sudor en mi frente;
mi servir es diferente
al de aquellos jornaleros,
camareros, pescadores,
ganaderos, panaderos,

conductores, constructores,
obreros, mineros, ídem
de eros, médicos en tándem
con todos sus ayudantes,
profesores, transportistas,
vendedores ambulantes,
oh, mis queridos baristas…
todos los que formáis base
de esta sociedad de clase
no me miréis con desprecio;
cimientos sois y yo faro
que con su luz guía al necio.
La luz no siente reparo
al brillar primero sobre
el piramidión; y pobre
del que está arriba, está solo
y con vértigo de mirar
abajo, pero me inmolo
por ustedes; del dedicar
la vida al conocimiento
del alma no me arrepiento
porque ahora dará frutos
que cosecharéis mañana
para provecho de brutos;
cuando fine la semana
escrito tendré el tratado
más finamente creado

en aras de la humanidad.
Mi deuda será saldada
gracias a mi genialidad;
la sociedad endeudada
quedará entonces conmigo,
de su peor enemigo,
del que llaman parásito.
Ajeno estoy a rencores;
incomprensión, requisito
del genio, mas los dolores
nada son con estoicismo,
reconquista de uno mismo.
A la humanidad perdono
porque no saben lo que hacen,
pobres criaturas —¡cómo no!—,
si del saber no se placen;
no saben filosofía,
mentes en lobotomía
que no sirven para pensar
ni para sacar provecho
de nada, pues a su pesar
son como el campo en barbecho.
Derecho voy al rescate
de este ideal botarate;
acicate es la dureza
de tan arduo cometido,
pero mayor mi grandeza

cuando haga lo prometido
para el común beneficio.
Dejaré un libro al servicio
del sabio y del ignorante,
que sea apto para todos
y la mar de interesante;
usaré fáciles modos
con un lenguaje coloquial
que enorgullezca hasta a Marcial;
a conceptos difíciles
les daré formas sencillas
con metáforas, símiles
y refranes; las semillas
de la virtud germinarán
en este libro y ofrecerán
sus pétalos de sapiencia
a afortunados lectores;
eso os daré por herencia
incluso a mis detractores.
Metafísica, lógica,
estética, política
o la epistemología,
ética, la mente, historia
o la gnoseología;
todo me sé de memoria
y aquí viene mi dilema:
¿cuál de ellos es mejor tema?

He llegado a esta conclusión
leyendo a sabios difuntos
tras mucha deliberación:
de los humanos asuntos
el que más nos cae en suerte
es la cuestión de la muerte.
El pensador de espalda ancha
en amorosos diálogos
en donde el saber se ensancha,
cumbre de pedagogos,
en boca de su maestro
puso para placer nuestro
que toda sabiduría
nos prepara para morir;
para la filosofía
esa es su razón de existir.
¡Y nadie se lo refuta
a quien bebió la cicuta!
Ejemplo ideal de muerte,
mártir del conocimiento,
ante la adversidad fuerte
mantuvo el temperamento
pese a tamaña injusticia.
La ciudadana estulticia
para siempre creyó acabar
con toda aquella amenaza
a la ignorancia, mas fue a dar

con justa desesperanza
porque con la fatalidad
sellaron su inmortalidad.
¿Y qué decir de Epicuro
y su magnífico jardín?
Dedicación plena al puro
conocimiento, paladín
de la verdad; todo quiso
saber por un preciso
motivo: ya que el humano
teme a lo desconocido,
con el saber en la mano
será desaparecido
cualquier resquicio de miedo.
Por eso no estuvo quedo
en lo que al saber se refiere,
que cada descubrimiento
con premura al temor hiere;
la muerte, al razonamiento
sometida, queda herida
de muerte y después vencida.
Esto aquí dejo finito,
estoa es donde dirijo
las palabras que recito;
Zenón de Citio, prolijo
en hablar bajo pórtico,
nos dejó un saber único

que ulteriormente Epicteto,
Marco Aurelio el emperador
y Séneca, gran cuarteto,
mejoraron; al sufridor
enseñaron cómo vivir
bien y el arte del buen morir.
Aquel que nació sabido,
Séneca, ejemplo de virtud,
a morir fue requerido
por Nerón, y con su actitud
demostró ser consecuente
al finar estoicamente.
Todo en la vida es percepción
y mil cambios tiene un día,
usemos de consolación
la buena filosofía
que heredamos de Boecio,
pensador que tanto aprecio.
Filosofía medieval
enfocada en la eternidad,
desdén sumo a lo terrenal,
también eres de utilidad.
¡Qué cosa tan fantástica
esto de la escolástica!
Cansado estoy de la glosa;
quiero empezar mi obra,
que una mente perezosa

es como un barco en zozobra.
Si para la muerte somos
desde el día que nacimos,
sino que a todos depara,
a este tratado llamaré
«Cómo prepararse para
la muerte»; sobre él plasmaré
lo que se ha de considerar
para proceder a expirar.
Preparo tinta y papeles
para tan ardua tarea
y cosecharé las mieles
del éxito de mi idea
en forma de un opúsculo
que hable sobre el crepúsculo.

(Muerte entra al escenario con pasos cortos, lentos y silenciosos, como si se estuviera arrastrando. Viste una túnica negra con capucha, que llevará puesta en todo momento. Un velo negro traslúcido le tapa el rostro, dejando al descubierto solamente los ojos y la frente. Se coloca detrás de Sabio Filósofo justo al final de su monólogo)

MUERTE

¿Para qué me llamas tanto
si vengo de todas formas?
Pues no hay quien haga quebranto
a ninguna de mis normas.
Que tanto por mí te mueres
que escribir sobre mí quieres
una extensa biografía,
mientras que nadie quiere ver
mi faz ni en fotografía.
De lado he dejado el deber,
abandonado mi función,
para tener conversación
larga y tendida contigo
en pro de tu cometido.

Considérame tu amigo,
que tu hablar me ha divertido,
pues he pasado un buen rato
con tu maullar, pelagato.

SABIO FILÓSOFO

¡Qué visita inesperada
aparece de la nada!
La muerte es inoportuna
desde la tumba a la cuna;
iba a empezar parrafada
provechosamente escrita
y aparece la maldita
para interrumpir mi labor;
anda y vete ya por favor,
que tu presencia me irrita.

MUERTE

Todos me dicen lo mismo,
pecan de mucho tontismo
al llamarme, mas pasado

el toro, para cuidado
de uno. Exceso de cinismo,
viejo sabio, de tu parte,
ya que vengo a iluminarte
para cumplir tu tarea
y que todo el mundo vea
que de morir tengo el arte.

SABIO FILÓSOFO

Cállate, que me desquicias;
no deseo tus albricias
que por mí solo me basto,
con tu guadaña de pasto
vete a esquilmar estulticias;
pues ya he aprendido del todo
sobre la ciencia del lodo
con ayuda de terceros,
recopiladores meros
que aúno con mi método.

MUERTE

No serás tú mejor que ellos
si juntas sus atropellos
en enciclopédica obra,
que la teoría sobra,
que la muerte son destellos
que estallan en una vida
con furiosa arremetida.
No entiende nada de ética;
es una cosa práctica
que no será comprendida.

SABIO FILÓSOFO

Buen lanzamiento de guante
el que has hecho en este instante.
Te tenía por discreta,
mas veo que eres poeta
con un lenguaje elegante.

Me dices que soy incapaz
con bífida lengua locuaz
de escribir algo logrado
sobre la muerte en tratado;
ya verás que soy pertinaz.

MUERTE

Pertinaz es el borrico
que no se calla el hocico,
y aunque sea tozudo,
no lo tienen por agudo
ni en inteligencia rico.
Este sabio persevera
en seguir con su ceguera;
mirad cómo se desola
cuando dentro de esta bola
atienda lo que le espera.

(Muerte, después de dirigirse al público, saca una bola de cristal de debajo de su túnica)

SABIO FILÓSOFO

La muerte busca refugio
en ridículo artilugio,
pues piensa mostrarme mi mal
en esa bola de cristal
en tan vano subterfugio.
¡Qué el final sé de antemano
sea este cerca o lejano!
Piensas que tienes novedad
por dominar esta verdad,
mas todo es chabacano.

MUERTE

Persiste el loco en su yerro
de igual forma que el perro
persigue obcecadamente
su cola sin nada en mente,
pero con voluntad de hierro.
Dame un poco de tu atención,
que fin soy de la narración
de tu opera magna y prima;
si quieres algo de estima
escribir, oye mi canción.

SABIO FILÓSOFO

El día de la marmota
que nunca, nunca se agota,
es leitmotiv de esta charla;
cansado estoy de tu parla
que tanto a mí me derrota.
Me cansa tu locuacidad;
te daré una oportunidad
si mucho tienes que decir,
pero quiero verte partir
luego por mi tranquilidad.

MUERTE

¡Que duro será envejecer
para el hombre! ¡Qué rigidez!
Brazo viejo no da a torcer
porque llegando a la vejez
todos se creen juiciosos
mientras pecan de onerosos.
Al menos ya quiere escuchar,
dejando atrás su porfía
no sin antes mucho luchar,
pues el bobo no se fía;
pero ha llegado el momento
de enunciar mi parlamento.
El humano nace para
morir; no descubro nada
que no sepas, pues clara
es vuestra última morada;
lápida, urna o mausoleo,
el sino es bastante feo.
Cenizas, huesos o polvo
enamorado insensible,
que un cuervo de ceño torvo
todo encuentra apetecible
para su insaciable buche.

Protegeos con estuche
de pino, caoba o de roble
esos despojos que dejáis,
madera plebeya o noble
que de todas formas usáis.
Un parpadeo muy breve,
un aleteo muy leve
que finaliza disperso;
si ponemos en escala
vuestra vida y el universo,
vuestra existencia hace gala
de una veloz fugacidad
condenada a caducidad.
Una existencia sin brillo
que precozmente se apaga,
luz tenue de un farolillo
invisible en noche aciaga,
un soplido en la tormenta
que en el aire se sustenta,
una vacía matriosca
cuyas entrañas extraña,
ciclo vital de una mosca
en una tela de araña,
un trayecto clandestino
que no conoce destino…

tantas y tantas aristas
en el vivir y en el morir,
que ni los grandes artistas
supieron nunca definir.
Y tú, filósofo dandi,
vienes con un *ars moriendi*.
Quieres saber con lecturas
el quid que la muerte encierra;
mejor busca en sepulturas
lo que se oculta en la tierra;
así lograrás el cetro
de la ciencia del féretro.
Solo se aprenden mis males
a través de familiares,
cuando reclamo a los tales
que se vengan a mis lares;
a los amados separo
para siempre sin reparo
y padecen a conciencia,
que ningún libro prepara
para prevenir la ausencia.
Ceso mi charla preclara
para mostrarte en la bola
que lo que cuento no es trola.

SABIO FILÓSOFO

¿Qué es lo que veo en el cristal?
¿Acaso es un campesino?

MUERTE

Sí, lo es; su nombre es Cristóbal;
busca sombra en el camino
porque el día es soleado.
Está casi desmayado
tras muchas horas de esfuerzo
al límite de la histeria;
no sabe qué es un almuerzo,
pero experto es en miseria,
que no le esconde secreto
pese a ser analfabeto.
Mira cómo se desploma
bajo el peso de una vida,
punto sin ninguna coma
que deja viuda y querida
y dos lindos churumbeles
que le llevarán claveles.

¡Qué fulminante colapso!
Se despertó saludable,
mas vivir es breve lapso
en territorio inestable.
Él pensaba en el ahora
hasta que le llegó su hora
sin saber nada de nada,
pero morir ha sabido
pese a tener ignorada
la muerte que ha recibido.
Quisiera saber tu opinión
docta sobre esta defunción.

SABIO FILÓSOFO

He de decir que ha estirado
la pata con mucha gracia;
pese a ser un iletrado
no le ha faltado eficacia
en su labor de perecer,
y de muerto sabe ejercer.

MUERTE

Ha caído con donaire.

SABIO FILÓSOFO

Pues sí, y también en redondo.

MUERTE

¿Hablar así no es desaire?

SABIO FILÓSOFO

Tan solo un poco en el fondo.

MUERTE

Pues si no hay inconveniente
pasemos a lo siguiente;

a Cristóbal dejamos
con sus amigos gusanos.
Ahora mismo nos vamos
a otros lugares cercanos;
nuestra próxima parada
es la de un buen camarada.
¿Te suena de algo este salón
transformado en biblioteca?

SABIO FILÓSOFO

Ay, no puede ser, maldición;
me va a dar una jaqueca,
pues ahora soy testigo
de la casa de mi amigo
Juan de la Cierva y de Llano,
filósofo sin parangón,
el más ilustre decano
de toda una generación,
el sabio más respetado
y por doctos venerado.

MUERTE

Interesante sujeto,
no está nada de fofo,
más bien es todo esqueleto;
del ayuno es filósofo
y del hambre cabecilla
a costa de su costilla,
que se la ve tan expuesta
a la vista de la gente
con desnudez deshonesta
a lo vulgar e indecente;
se parece mucho a un alfil
si lo ponemos de perfil.
¡Qué gran desconsiderado
con los descomponedores!
No deja medio bocado
a sus nuevos valedores,
pues a la muerte no espera
para hacerse calavera.

SABIO FILÓSOFO

¡Qué situación más demencial!
Ignoraba su pobreza,
¿mas qué está haciendo con la sal?

MUERTE

Su desayuno ya empieza;
va arrancando las páginas
de un buen libro; las láminas
suelen ser muy nutritivas
porque tienen mucha tinta;
con echarles sal, salivas;
nada tiene mejor pinta
si el hambre es tu condimento.
¡Mira el pobre, qué contento!

SABIO FILÓSOFO

Verle así me da desgarro.
¡Qué voracidad irradia!
En homenaje a Naharro
se come su Propaladia.
¿Cómo alguien tan reputado
de esta manera ha acabado?

MUERTE

El sabio tiene ergofobia,
es decir, miedo al trabajo;
viendo la pala se agobia
y también se viene abajo
con solo pensar en el pico;
menos mal que nació rico,
aunque no lo suficiente,
pues ha agotado su herencia;
su triste cuenta corriente
está ingresada de urgencia,
más muerta que entre los vivos
y en cuidados paliativos.

Del triunfo obtuvo las mieles;
él fue a la sabiduría
lo que a la pintura Apeles;
a estudiar dedicó el día,
con dinero compró el ocio
hasta que cerró el negocio
de malvivir de las rentas.
Era bueno en el estudio,
pero malo con las cuentas,
ya que hizo repudio
de las cosas pragmáticas;
ahora las gramáticas
forman parte de su dieta;
su existencia perezosa
le devolvió la receta
a base de celulosa;
de ir al váter no se libra,
que el papel rico es en fibra.
Fíjate cómo va al baño,
desfallecido, arrastrando
los huesos para su daño;
la alma le viene pesando
una tonelada larga,
¡qué existencia tan amarga!

Se sienta en el inodoro
y se echa una cabezada;
aunque el fin sea indoloro,
la testa no será alzada
nunca más, pues es máscara
vacía de una cáscara.

SABIO FILÓSOFO

Las ciencias están de luto.
Mucho es lo que le debemos
a este gran genio absoluto.

MUERTE

Sí, lo que digas, dejemos
al muerto literal de hambre
y vayamos con otro hombre.

Mudamos el escenario
por el de una buhardilla
donde un joven solitario
está sentado en su silla
de escritorio, taciturno,
esperando por su turno.
Romántico empedernido,
su querida le ha dejado
por un chaval más fornido
y se encuentra devastado
escribiendo algunas notas
sobre sus muchas derrotas.
En la pila fue Anacleto,
mas prefiere seudónimo
a usar nombre de paleto
por resultarle antónimo.
Se llama Guillermo Osvaldo,
un romántico de saldo,
amante del verso libre,
cansautor, pseudopoeta,

idiota de gran calibre,
alcohólico, porreta,
parásito de un ático,
de Sabina fanático,
que en la uni se puso un disfraz
con el afán de remojar
el churro, mas ya no es capaz
de podérselo retirar
el burro, que bien pegado
lo tiene el muy desgraciado.
Ya no es más que un personaje
consumido por su actuación;
acabar quiere su viaje
con total deliberación.
Últimamente la soga
ha vuelto a estar muy en boga;
en una ferretería
consiguió la cuerda que usa;
valor le da la María
y su querida la excusa,
solo buscaba un motivo
para dejar de estar vivo.

La carta de despedida
la tiene bien redactada,
ahí culpa a su querida
aunque ella no sepa nada;
piensa que es su obra maestra
donde su genio demuestra;
se cree tan romántico
que suicidarse es su sino,
mas solo es un lunático.
Nadie le importa un comino
el destino de este enfermo
que se hace llamar Guillermo;
cree causar gran conmoción
colgándose de una cuerda,
mas se equivoca de canción
porque nadie de él se acuerda,
ya que es el anonimato
su sino de mentecato.
No le hace falta tratado
teniendo sólida viga
de la que quedar colgado;

a la cuerda ya se liga
este individuo algo falto,
que solo precisa un salto
para colmar su desdicha.
Se dispone ahora a saltar
pensando en la susodicha;
la faz se le va a amoratar
en un final poco bello
porque no se ha roto el cuello.
Busca vana bocanada,
con gran temor patalea
él a la desesperada,
mas la muerte se recrea;
le ha faltado preparación
para morir sin dilación.
De todas formas morirá;
aunque no esté preparado,
Osvaldo igualmente se irá
de viaje hacia el otro lado.
Y no lo hace sin disgusto;
se ve en su cara de susto.

SABIO FILÓSOFO

¿No me harás ver hasta el final?
Corta ya esta retransmisión,
que no quiero ver al chaval
sufrir hasta su defunción.

MUERTE

Creo que ya es suficiente
por hoy; seré buena gente.

(Muerte se vuelve a guardar la bola de cristal debajo de la túnica)

Además, todo está dicho,
no hace falta inteligencia
para caer en el nicho,
solo un poco de paciencia.

Prepararse para morir
es fácil, mas para vivir
es mucho más complicado;
los tres anteriores casos
en el morir han triunfado,
viviendo fueron fracasos
porque el nacer no prepara
para vivir, sino para
la muerte. Lo más difícil
siempre será lo de en medio;
vivir nunca será fácil
cuando se inicia el asedio
por parte mía. Ya es hora
de marcharme sin demora,
pues mi trabajo ha concluido.
En un lugar me reclaman,
me marcho sin hacer ruido
a donde nunca me llaman.
Acuérdate de tu amiga,
no sea que te persiga.

(Muerte empieza a marcharse en los últimos versos
con pasos cortos, lentos y silenciosos. Se detiene justo
antes de salir del escenario y vuelve su mirada hacia
Sabio Filósofo, que no se da cuenta de su presencia.
La situación permanece así hasta el final de la obra)

SABIO FILÓSOFO

¡Qué sujeto tan peculiar!
Primero no me gustaba
y después me fue familiar
por la turra que me daba.
No me da ningún despecho
admitir que gran provecho
de su charla puedo sacar
a través de su sapiencia,
que no se le puede arrancar
muchos años de experiencia
al que domina su oficio
sin esperar beneficio.

Si morir está en la vena
de todo el género humano,
no merecerá la pena
el tema por lo mundano.
Ahora todo se aclara,
«Cómo prepararse para
vivir» es más importante;
así nombraré el tratado
para que sea impactante
y mucho más recordado.
A vivir voy a comenzar
y mi obra maestra acabar.

(Sabio Filósofo sufre un ataque al corazón. Se lleva las manos al pecho, camina unos pasos y se desploma en mitad del escenario. Un coro de esqueletos sale para cantar la canción final mientras bailan alrededor del cadáver)

CORO DE ESQUELETOS

Como en el juego de la oca,
de la cuna a la tumba vas
y tiro porque me toca.
¿Quién de vosotros dará más?
Ríe última y ríe mejor,
la muerte ríe sin pudor.

La muerte lanza respingos
por ser del proletariado,
no descansa los domingos,
su puesto está mal pagado.
Ríe última y ríe mejor,
la muerte ríe sin pudor.

¿Somos la nada que fuimos
o los huesos que seremos?
¡Qué más da! De la muerte huimos
con ruedas, alas o remos.
Ríe última y ríe mejor,
la muerte ríe sin pudor.

La Fea Burguesía
— EDICIONES —

Este libro, *Auto idiótico del Sabio Filósofo y la Muerte*, se acabó de imprimir en noviembre de 2025

COLECCIÓN POESÍA